AF277575

Documento de Trabajo
Serie Unión Europea y Relaciones Internacionales
Número 145/ 2024

Ampliación: un elemento geoestratégico en el contexto de la guerra de Ucrania

Elisa Uría

El Real Instituto Universitario de Estudios Europeos de la Universidad CEU San Pablo, Centro Europeo de Excelencia Jean Monnet, es un centro de investigación especializado en la integración europea y otros aspectos de las relaciones internacionales.

Los documentos de trabajo dan a conocer los proyectos de investigación originales realizados por los investigadores asociados del Instituto Universitario en los ámbitos histórico-cultural, jurídico-político y socioeconómico de la Unión Europea.

Las opiniones y juicios de los autores no son necesariamente compartidos por el Real Instituto Universitario de Estudios Europeos.

Los documentos de trabajo están también disponibles en: www.idee.ceu.es

Serie *Unión Europea y Relaciones Internacionales* de documentos de trabajo del Real Instituto Universitario de Estudios Europeos

Ampliación: un elemento geoestratégico en el contexto de la guerra de Ucrania

CEU *Ediciones*
Julián Romea 18, 28003 Madrid
Teléfono: 91 514 05 73
Correo electrónico: ceuediciones@ceu.es
www.ceuediciones.es

Real Instituto Universitario de Estudios Europeos
Avda. del Valle 21, 28003 Madrid
www.idee.ceu.es

ISBN: 978-84-19976-52-9
Depósito legal: M-23939-2024

Maquetación: Andrea Nieto Alonso (CEU *Ediciones*)

Índice

Introducción

"Hace dos semanas, Rusia trajo de vuelta la guerra a Europa". Con esta elocuente frase, los líderes reunidos en la Galería de los Espejos del Palacio de Versalles señalaban al hecho que marcará un trágico punto de inflexión en la Historia[1]. En sus propias palabras, se trataría de un auténtico "movimiento tectónico" en el devenir de la Unión Europea. Y así ha sido. Ha provocado el "despertar geopolítico" de esta organización internacional[2], como han reiterado tanto la presidenta de la Comisión, Ursula Von der Leyen como el Alto Representante para Asuntos Exteriores y Política de Seguridad, Josep Borrell.

Si hay un ámbito de la Unión donde ha impactado con fuerza la guerra de Ucrania es en la política de ampliación. Relegada en tiempos recientes a una suerte de congelador, ha pasado a tener un papel protagonista en la agenda. De hecho, en la presentación de las prioridades de la Comisión Europea para 2024-2029 figura literalmente como "un imperativo geopolítico"[3]. En efecto, la agresión rusa ha reavivado la reflexión y el debate sobre la extensión del mapa geográfico de la Unión, justo cuando se cumplen dos décadas de la mayor ampliación que ha vivido el "club comunitario" con la incorporación de diez nuevos países. Lo más interesante es que el conflicto bélico parece haber colocado un espejo en algún lugar entre Leópolis y Odesa y ha obligado a la Unión Europea no sólo a mirar hacia sus fronteras exteriores sino también hacia sí misma. Así, la guerra ha actuado como catalizador para que esta organización se plantee cuestiones tanto *ad intra* –reformas institucionales de calado– como *ad extra* –qué tipo de relación quiere mantener con sus vecinos de continente, y de forma más amplia, qué papel desea jugar en la nueva escena mundial–.

I. La adhesión de Ucrania en el contexto bélico

1.1. Los primeros pasos tras la agresión rusa

Tan sólo cuatro días tras la agresión de Rusia a Ucrania, un frío 28 de febrero de 2022, el presidente Volodymyr Zelensky solicitó la adhesión de su país a la Unión Europea. Con las tropas rusas a unos kilómetros del despacho presidencial, se redactó la carta que marcaría el inicio de un procedimiento rodeado de las más excepcionales y trágicas circunstancias. Cada adhesión de un Estado a la Unión se realiza en un contexto particular, pero nunca antes se había activado ese botón por parte de un país sumergido en una guerra[4].

Poco después, en marzo de 2022, Moldavia y Georgia también solicitaron formalmente la adhesión a la Unión. Por tanto, es inevitable hacer referencia a estos países al hablar de la incorporación de Ucrania; la geopolítica les ha convertido en inseparables compañeros de viaje.

Ante esta situación, cabe destacar que las instituciones europeas actuaron con una velocidad inusual. El 1 de marzo de 2022 el Parlamento Europeo emitió una resolución solicitando a las demás instituciones que trabajaran para conceder el estatuto de país candidato a Ucrania[5]. Tan sólo unos días después, el 10 y 11 de marzo, los jefes de Estado y de gobierno se reunieron en una cumbre informal pero cargada de simbolismo en el Palacio de Versalles. En ella, condenaron de forma enérgica la agresión rusa como una violación flagrante de Derecho internacional y

---

1   Declaración de Versalles, 10 y 11 de marzo de 2022, disponible en: https://www.consilium.europa.eu/media/54800/20220311-versailles-declaration-es.pdf (último acceso, 3 de septiembre de 2024). Cabe destacar la enorme carga simbólica del lugar en el que se reunieron los jefes de Estado y de Gobierno. En el Salón de los Espejos –definido como "el espejo de la Historia"– han sucedido importantes acontecimientos como la firma del Tratado de Versalles, que puso fin a la Primera Guerra Mundial.

2   Expresión ya empleada por Luuk Van Middelaar en "El despertar geopolítico de Europa", 15 de abril de 2021, Le Grand Continent, https://legrandcontinent.eu/es/2021/04/15/el-despertar-geopolitico-de-europa/ (último acceso; 3 de septiembre de 2024).

3   Political guidelines for the next European Commission 2024-2029, disponible en e6cd4328-673c-4e7a-8683-f63ffb2cf648_en (europa.eu) (último acceso; 3 de septiembre de 2024).

4   Para un análisis detallado tanto del procedimiento de adhesión de Ucrania como de sus relaciones previas con la Unión, véase ÁLVAREZ GÓMEZ, L. "La adhesión a la Unión Europea en tiempos de conflicto: el caso de Ucrania", Trabajo Fin de Máster Universitario en Unión Europea, Universidad CEU y Fundación de Ortega Gasset-Gregorio Marañón 2023/2024.

5   Resolución del Parlamento Europeo, de 1 de marzo de 2022, sobre la agresión rusa contra Ucrania.

trazaron una hoja de ruta para apoyar a Ucrania, así como el refuerzo de las capacidades de defensa y reducción de dependencia energética de la Unión. La Declaración fruto de aquella reunión no está exenta de afirmaciones que demostraban de forma unánime el apoyo de los Estados miembros al país capitaneado por Zelensky. Respecto a su adhesión, es muy ilustrativa la siguiente frase; "Ucrania pertenece a la familia europea"[6].

En junio de ese mismo año, la Comisión ya había examinado las tres solicitudes de adhesión de Ucrania[7], Moldavia[8] y Georgia[9]. Se cumplía así lo declarado por la presidenta Ursula Von Der Leyen en su visita a Kiev en abril de 2022; "*So we will accelerate this process as much as we can, while ensuring that all conditions are respected*"[10]. Las dos partes de esa afirmación encierran las claves de la adhesión de Ucrania; un ritmo acelerado propio de las circunstancias excepcionales en que tiene lugar y la salvaguardia de que se respetan todas las garantías.

Por su parte, el Consejo Europeo también respondió con una celeridad extraordinaria; tan sólo tardó una semana desde el dictamen de la Comisión en activar el procedimiento del artículo 49 del Tratado de la Unión Europea –precepto que constituye la clave de bóveda del proceso de entrada de un nuevo miembro en el "club comunitario"–. En efecto, en el Consejo Europeo celebrado los días 23 y 24 de junio de 2022, se otorgó el estatus de candidato tanto a Ucrania como a Moldavia[11]. Georgia, en cambio, tuvo que esperar para recibir tal reconocimiento hasta diciembre de 2023, y condicionado a que se adopten las medidas pertinentes expuestas en la Recomendación de la Comisión de 8 de noviembre de 2023. Además, el Consejo Europeo reconocía en junio de 2022 de forma categórica; "*the future of these countries and their citizens lies within the European Union*".

Buena parte de la doctrina coincide en que la decisión del Consejo Europeo de otorgar el estatus de país candidato a Ucrania no habría ocurrido en el contexto previo a la guerra[12]. No deja de resultar paradójico que, siendo uno de los objetivos de Rusia alejar a Kiev de la influencia europea, la agresión haya provocado el efecto totalmente contrario; acelerar al máximo el procedimiento de adhesión con un apoyo de Bruselas sin precedentes. Y no sólo ha sucedido esto respecto a Ucrania, sino también en relación con Moldavia y Georgia, cuya integridad territorial también se ha visto comprometida por la acción rusa. La guerra incluso ha afectado a procedimientos de adhesión que ya estaban en curso. El 19 de julio de 2022 se iniciaban las negociaciones de la UE tanto con Albania –país que había solicitado su adhesión trece años antes– como con Macedonia del Norte, que había enviado su solicitud hace dos décadas. Es evidente que estas decisiones se han visto catapultadas por la agresión rusa. Incluso hay autores que consideran que nunca se habrían tomado si no fuera por la amenaza que supone Moscú[13]. El simbolismo que conlleva otorgar el estatus de candidato a Ucrania –y las réplicas en los países vecinos– es evidente. En medio de una guerra, el apoyo moral que eso supone es inconmensurable.

El siguiente gran paso tuvo lugar un año y medio después, el 14 de diciembre de 2023, cuando los jefes de Estado y de gobierno de la Unión decidieron iniciar las negociaciones de adhesión con Ucrania y con Moldavia[14]. Este movimiento tuvo un obstáculo importante; la negativa del primer ministro húngaro, Viktor Orban. La unanimidad se consiguió gracias a un truco diplomático inusitado mediante el cual este político abandonó temporalmente la

---

6   Declaración de Versalles 10 y 11 de marzo de 2022, disponible en: https://www.consilium.europa.eu/media/54800/20220311-versailles-declaration-es.pdf (último acceso; 24 de julio de 2024).

7   Commission opinion on Ukraine's application for membership of the European Union, COM (2022) 407 final 17 june 2024.

8   Commission Opinion on the Republic of Moldova's application for membership of the European Union, COM (2022) 406 final, 17 june 2024.

9   Commission Opinion on Georgia's application for membership of the European Union, COM (2022) 405 final, 17 june 2024.

10   Statement by President von der Leyen with Ukrainian President Zelenskyy at the occasion of the President's visit to Kyiv, 8 April 2022, https://neighbourhood-enlargement.ec.europa.eu/news/statement-president-von-der-leyen-ukrainian-president-zelenskyy-occasion-presidents-visit-kyiv-2022-04-08_en (último acceso; 24 de julio de 2024).

11   Conclusiones del Consejo Europeo de 24 de junio de 2022, disponible en: https://www.consilium.europa.eu/media/57473/2022-06-2324-euco-conclusions-es.pdf (último acceso; 24 de julio de 2024).

12   Véase, por ejemplo, PETROV, R. y HILLION, C. "Accession through war" – Ukraine's road to the EU" *Common Market Law Review* (59), 2022, 1289-1300.

13   ANGHEL, V. y DANKI, J. (2023). Wartime EU: consequences of the Russia-Ukraine war on the enlargement process. *Journal of European Integration*, 45(3): 487-501.

14   Véanse las conclusiones del Consejo Europeo de diciembre de 2023; https://www.consilium.europa.eu/media/68996/europeancouncilconclusions-14-15-12-2023-es.pdf (último acceso; 25 de julio de 2024).

reunión justo en el momento en el que se votaba esta crucial decisión para Kiev[15]. Tras el Consejo Europeo, el primer ministro húngaro quiso distanciarse de la decisión tomada por sus colegas europeos a través de un vídeo en la red social Facebook: *"EU membership of Ukraine is a bad decision. Hungary does not want to participate in this bad decision, and therefore stayed away from the decision today."* A pesar de la oposición del que ha sido considerado como "el caballo de Troya que quiere socavar la unidad de la Unión Europea"[16], lo cierto es que su descanso para tomar un café permitió que los líderes comunitarios lograran tomar una decisión histórica en el proceso de adhesión tanto de Ucrania como de Moldavia.

1.2. Adhesión acelerada *versus* adhesión clásica

Uno de los principales interrogantes que se abre es si la incorporación de Ucrania se producirá a través de lo que Petrov y Hillion denominan "adhesión a través de la guerra" o "adhesión clásica"[17]. La primera opción implicaría un trato más favorable al país candidato por el hecho de que éste está luchando por defender los valores europeos consagrados en los artículos 2 y 21 del TUE. La segunda vía sería el procedimiento de adhesión clásico. Ucrania, debería cumplir, como cualquier otro país candidato, los famosos "criterios de Copenhague"[18] y aplicar todo el acervo comunitario a través de 35 o más capítulos de negociaciones.

El dictamen de la Comisión Europea de junio de 2022 optó claramente por la segunda opción, examinando cada uno de los criterios de Copenhague –si bien hubo una extraordinaria celeridad en emitirlo, como ya se ha apuntado–. Además, incluía declaraciones contundentes como la siguiente; *"The accession process remains based on established criteria and conditions. This allows any country in the process to progress based on own merits but also means that steps towards the EU can be reversed if the underlying conditions are not met anymore."*. Asimismo, el Consejo Europeo en su reciente reunión de junio de 2024 afirmaba en sus conclusiones; "Para la adhesión, la Unión Europea seguirá un enfoque *basado en los méritos con incentivos tangibles*. Apoyará a los países aspirantes en el cumplimiento de los criterios de adhesión con los instrumentos apropiados, y utilizará todas las posibilidades para seguir avanzando en su integración gradual"19. Por tanto, no cabe duda de que ni la Comisión ni el Consejo Europeo –dos instituciones fundamentales para cualquier proceso de adhesión– no tienen ninguna intención de apartarse de los criterios que cumplen ya más de tres décadas de vida.

Además, en esta dicotomía, también hay que tener en cuenta la posición de los Estados miembros. No debemos olvidar que en cualquier proceso de adhesión tienen un papel crucial dado que el artículo 49 del TUE exige la ratificación de todos los Estados del acuerdo entre la Unión y el nuevo Estado miembro[20]. Esto supone que todos los países deben dar

---

15 EU to open membership talks with Ukraine and Moldova, https://www.bbc.com/news/world-europe-67722252 (último acceso; 25 de julio de 2024). Para un análisis más exhaustivo de la oposición de Orban a iniciar las negociaciones de adhesión con Ucrania, véase; SABANADZE Y WOLCZUK, Orban's Ukraine gamble is a blow to the EU's geopolitical ambitions, disponible en; https://www.chathamhouse.org/2023/12/orbans-ukraine-gamble-blow-eus-geopolitical-ambitions (último acceso; 25 de julio de 2024).

16 European Affairs Minister: Orbán is Trojan horse trying to undermine EU unity, Radio Prague International https://english.radio.cz/european-affairs-minister-orban-trojan-horse-trying-undermine-eu-unity-8803186 (último acceso; 29 de julio de 2024).

17 PETROV, R. y HILLION, C. "Accession through war" – Ukraine's road to the EU", *op. cit.*

18 Cabe señalar que estos criterios no se encuentran recogidos como tales en los Tratados. Sí es cierto que el artículo 49 TUE hace referencia a ellos afirmando "Se tendrán en cuenta los criterios de elegibilidad acordados por el Consejo Europeo". En la práctica constituyen las premisas básicas que cualquier Estado debe cumplir para incorporarse a la Unión. Son conocidos como "criterios de Copenhague" porque fueron establecidos por el Consejo Europeo en su reunión en la capital danesa en 1993. Posteriormente, el Consejo Europeo de Madrid los reforzó en 1995. Son los siguientes;
- De carácter institucional: la existencia de instituciones estables que garanticen la democracia, el Estado de derecho, el respeto de los derechos humanos y el respeto y la protección de las minorías.
- De carácter económico: la existencia de una economía de mercado en funcionamiento y la capacidad de hacer frente a la presión competitiva y las fuerzas del mercado dentro de la UE.
- De carácter jurídico: la capacidad para asumir las obligaciones que se derivan de la adhesión, incluida la capacidad para poner en práctica de manera eficaz las normas, estándares y políticas que forman el «acervo comunitario», y aceptar los objetivos de la unión política, económica y monetaria.

19 Conclusiones del Consejo Europeo, 27 de junio de 2024, disponible en: https://www.consilium.europa.eu/media/n24ljnnz/euco-conclusions-27062024-es.pdf (último acceso; 25 de julio de 2024).

20 La segunda parte del artículo 49 TUE establece: "Las condiciones de admisión y las adaptaciones que esta admisión supone en lo relativo a los Tratados sobre los que se funda la Unión serán objeto de un acuerdo entre los Estados miembros y el Estado solicitante. Dicho acuerdo se someterá a la ratificación de todos los Estados contratantes, de conformidad con sus respectivas normas constitucionales".

luz verde a la entrada de cualquier nuevo socio y consecuentemente, cada uno de ellos tiene poder de veto. Es muy reveladora la carta que enviaron, justo un día antes de la agresión rusa, el 23 de febrero de 2022, el primer ministro de Eslovenia, Janez Janša y el primer ministro polaco Mateusz Morawiecki al entonces presidente del Consejo Europeo, Charles Michel, y a todos los miembros del Consejo Europeo[21]. En dicha misiva, alertaban de la amenaza que suponía Rusia no sólo para Ucrania sino para el resto de Europa –vista con perspectiva, nos damos cuenta ahora del carácter premonitorio del mensaje–. No sólo eso sino que proponían una hoja de ruta para hacer frente a esta situación y la primera medida era un ambicioso plan para integrar a Ucrania en la Unión. Concretamente, afirmaban; "*The first phase of the plan must be the decision to immediately recognise European membership perspective for Ukraine and grant it EU candidate status after the submission of its EU membership application.*"

Sin embargo, no todos los Estados son tan proclives a una adhesión acelerada de Ucrania. El ex primer ministro de los Países Bajos, Mark Rutte, declaraba a la salida de la Cumbre de Versalles que no existe una vía rápida para ser miembro de la Unión[22]. El canciller alemán Olaf Scholz también ha afirmado que la Unión no está preparada para la ampliación[23]. En esta misma línea, en un importante informe encomendado conjuntamente por los gobiernos francés y alemán "*Sailing on High Seas: Reforming and Enlarging the EU for the 21st Century*" los expertos afirmaban de forma contundente que la Unión no está preparada todavía para recibir nuevos miembros[24].

Como señalan Anghel y Jones, la agresión rusa ha estimulado la acción heroica de los ucranianos, pero no ha modificado los requisitos básicos de la adhesión[25]. Y ésta estará marcada, sin duda alguna, por la evolución de la guerra y los términos en que ésta concluya. Nada tendrá que ver una adhesión que se produzca con una victoria de Ucrania y la recuperación de sus territorios ocupados con la situación inversa. Las negociaciones para la adhesión pueden progresar mientras dure la guerra, pero la incorporación a la Unión no se podrá producir hasta que haya una suerte de acuerdo político que defina claramente los límites territoriales. Debemos tener presente que entonces las fronteras de Ucrania también serían frontera exterior de la Unión.

Algunos autores apuntan a que se podría explorar una vía como la de Chipre[26]. En 1974, Turquía invadió la zona norte de la República de Chipre, dando lugar a la división de la isla. Por un lado, la parte norte, turcochipriota y no reconocida internacionalmente y por otro lado, la parte sur grecochipriota. Chipre solicitó su adhesión a la Unión en 1990 y la cuestión territorial fue uno de los mayores escollos[27]. La experiencia de Chipre proporciona a la Unión Europea un ilustrativo ejemplo sobre cómo gestionar cuestiones parecidas en territorio ucraniano sobre las regiones de Crimea y la República Popular de Donetsk y Lugansk[28]. No obstante, la situación chipriota difiere de la ucraniana en dos puntos esenciales; Chipre llevaba tres décadas sin violencia en su territorio cuando se produjo la adhesión en 2004 y el hecho de que Turquía pertenezca a la OTAN aporta canales de comunicación y de gestión de las crisis que no existen con Rusia[29].

---

21   Véase la carta aquí; https://www.gov.si/en/news/2022-02-23-joint-letter-of-slovene-and-polish-prime-minister-on-the-ukrainian-european-perspective (último acceso; 25 julio de 2024).

22   There is no fast track procedure for EU membership, Dutch PM says, Reuters, https://www.reuters.com/world/europe/there-is-no-fast-track-procedure-eu-membership-dutch-pm-says-2022-03-10/ (último acceso; 30 de julio de 2024).

23   https://www.theguardian.com/world/2022/mar/10/western-europe-leaders-rebuff-ukraine-fast-track-eu-membership-appeal (último acceso; 25 de julio de 2024).

24   COSTA, O.; SCHWARZER, D.; BERES, P.; GRESSANI, G.; MARTI, G.; MAYER, F.; NGUYEN, T.; ONDARZA, N.; RUSSACK, S.; TEKIN, F.; VALLEE, S. y VERGER, C. *Sailing on High Seas: Reforming and enlarging the EU for the 21st Century*. Report of the Franco-German working group on EU Institutional Reform, 18 september 2023, p. 5.

25   ANGHEL, V. & JONES, E. The Geopolitics of EU Enlargement: From Club to Commons, Survival, 66:4, pp. 101-114, 2024, p. 102.

26   ZWEERS, W. The Eastern trio's path to the EU: fast-track or slow lane?, 27 february 2024, Clingendael Spectator, disponible en: https://spectator.clingendael.org/en/publication/eastern-trios-path-eu-fast-track-or-slow-lane (último acceso; 29 de julio de 2024).

27   Véase STAVRIDIS, S. La Unión Europea y el conflicto chipriota (1974-2006), Editorial Icaria, 2008 y STAVRIDIS, S. (2004); Y del mismo autor, "Chipre: un momento crucial". *Real Instituto Elcano*, disponible en: https://www.realinstitutoelcano.org/analisis/chipre-un-momento-crucial/ (último acceso; 30 de julio de 2024).

28   ÁLVAREZ GÓMEZ, L. "La adhesión a la Unión europea en tiempos de conflicto: el caso de Ucrania", *op. cit.* p. 41.

29   BESCH, S. y CIARAMELLA, E. (2023). Ukraine's Accession poses a unique conundrum for the EU. *Carnegie Endowment for International Peace*. Disponible en: https://carnegieendowment.org/2023/10/24/ukraine-s-accession-poses-unique-conundrum-for-eu-pub-90838 (último acceso; 30 de julio).

Por último, también debería tenerse en cuenta que los criterios de adhesión deben ser los mismos para todos los candidatos. Optar por una adhesión acelerada por el hecho de que un Estado se encuentre en guerra constituiría un peligroso precedente y provocaría el (lógico) malestar del resto de países inmersos en arduas negociaciones.

1.3. El punto de encuentro entre la defensa de los valores de la Unión y la geoestrategia

Los valores de la Unión han sido a veces desacreditados como una suerte de concepto "utópico". Sin embargo, su codificación en el artículo 2 del TUE[30] les ha conferido no sólo un lugar preminente en los Tratados sino también la posibilidad de su aplicación práctica fundamentalmente a través de dos vías. Por un lado, el artículo 7 del TUE establece la conocida como "opción nuclear"; un procedimiento que permite que, en caso de una violación grave y persistente por parte de un Estado miembro de los valores contemplados en el artículo 2, se suspendan sus derechos de voto en el Consejo. Se trataría de un proceso *ad intra*, dado que está previsto para el control del respeto de los valores de aquellos Estados que ya formen parte de la Unión Europea. El segundo lugar en el que los valores juegan un importante papel en la política de ampliación, es respecto a aquellos Estados que pretenden formar parte de esta organización internacional. Por tanto, su función aquí se proyectaría *ad extra*. En efecto, la primera parte del artículo 49 del TUE exige que para solicitar el ingreso como miembro en la Unión debe tratarse de "un Estado europeo que respete los valores mencionados en el artículo 2 y se comprometa a promoverlos".

Ya en la emblemática sentencia[31] sobre el Reglamento que establecía la condicionalidad del presupuesto comunitario al respeto de los valores, el Tribunal de Justicia de la Unión (en lo sucesivo, "TJUE") destacaba el lugar central de los valores de la Unión Europea ya que "definen la identidad misma de la Unión como ordenamiento jurídico"[32]. En este sentido, apuntaba que el respeto a los mismos constituye un requisito para disfrutar de todos los derechos derivados de los tratados. Y aquilataba algo esencial: "el respeto de estos valores no puede reducirse a una obligación que un Estado candidato está obligado a cumplir para adherirse a la Unión y de la que puede exonerarse tras su adhesión"[33]. Esta afirmación recoge lo que subyace en buena parte del pensamiento respecto a la situación de Hungría y de Polonia; ¿cómo es posible que se exija el respeto de los valores europeos *antes* de ingresar en la Unión Europea, pero su cumplimiento se olvide nada más franquear la puerta de entrada? Es el conocido como "dilema de Copenhague"; la Unión tiene unas herramientas para solicitar reformas a los Estados candidatos *antes* de la adhesión de las que no dispone una vez que entran[34].

Esta pregunta no es baladí, puesto que, como veremos más adelante, ha sido señalada como una de las causas que ha dado lugar a la "fatiga de la ampliación" y que puede ser determinante en la adhesión tanto de Ucrania como de Georgia y Moldavia. Tras lo vivido con dos Estados miembros durante estos últimos años, las instituciones y los líderes europeos van a ser mucho más cautos respecto estas cuestiones a la hora de aceptar nuevos miembros. Así se evidenció con la posición de Dinamarca, Francia y Países Bajos en junio de 2019 bloqueando el inicio de negociaciones de adhesión con Albania y Macedonia del Norte por considerar que las reformas en materia de Estado de Derecho eran insuficientes.

---

30 El artículo 2 del TUE establece lo siguiente; "La Unión se fundamenta en los valores de respeto de la dignidad humana, libertad, democracia, igualdad, Estado de Derecho y respeto de los derechos humanos, incluidos los derechos de las personas pertenecientes a minorías. Estos valores son comunes a los Estados miembros en una sociedad caracterizada por el pluralismo, la no discriminación, la tolerancia, la justicia, la solidaridad y la igualdad entre mujeres y hombres".

31 Pronunciamiento que se dictaba tan sólo una semana antes de la agresión rusa a Ucrania, y que era percibido por buena parte de la doctrina –y esta misma autora– como "histórico". Al escribir sobre aquella sentencia, no imaginamos que pocos días después tendría lugar otro hecho histórico y desgraciado que marcaría el devenir de Europa. Sobre la sentencia (y su pareja respuesta al recurso interpuesto por Polonia) véase URÍA GAVILÁN, E. Histórica sentencia sobre la protección del Estado de derecho en la UE, Agenda Pública, 17 de febrero de 2022, disponible en *Histórica sentencia sobre la protección del Estado de derecho en la UE* (agendapublica.es) (último acceso; 26 de julio de 2024).

32 Sentencia del Tribunal de Justicia (Pleno) de 16 de febrero de 2022, asunto C156/21, ECLI:EU:C:2022:97. Sobre la interpretación de este mecanismo de condicionalidad por el Tribunal, véase GREGORIO MERINO, A. (2022). El nuevo régimen general de condicionalidad para la protección del presupuesto de la Unión. *Revista de Derecho Comunitario Europeo*, 71, 11-26.

33 Apartado 126 de la sentencia.

34 Véase un análisis muy interesante aquí: KOCHENOV, D.V, DIMITROVS, A. *Solving the Copenhagen Dilemma: The Repubblika Decision of the European Court of Justice*, VerfBlog, 2021/4/28, https://verfassungsblog.de/solving-the-copenhagen-dilemma/ (último acceso; 9 de agosto de 2024).

Efectivamente, la guerra de Ucrania ha dado un vuelco al proceso de adhesión y ha elevado a un primer plano el elemento "geopolítico" y el de los valores, de forma simultánea y no contrapuesta. La solicitud de Ucrania va mucho más allá del aspecto económico y de la entrada en el mercado interior. Se trata de una cuestión de supervivencia para ambas partes ante una amenaza que, desgraciadamente, se convirtió en realidad. Por un lado, Ucrania, con su territorio invadido por las tropas rusas, está demostrando su compromiso con los valores que sustentan el edificio comunitario; desde la democracia hasta el respeto de los derechos humanos[35]. Por otro lado, para la Unión Europea, la incorporación de Ucrania, así como Georgia y Moldavia, es también una forma de defender los valores en los que se basa esta organización internacional y su existencia misma[36].

II. Repensar la ampliación de la UE en su "despertar geopolítico"

2.1. El estancamiento del actual modelo; la fatiga de la ampliación

Al abordar la adhesión de Ucrania a la Unión, es ineludible alejar el zoom de fotografía para ver el mapa completo. La guerra no sólo ha afectado a la incorporación de este país, sino que nos permite reflexionar sobre la situación del resto de candidatos y, sobre todo, las fisuras del actual modelo de adhesión.

La historia de la ampliación de la Unión desde los años 70 a la actualidad es una historia de éxito. De hecho, la propia Comisión Europea la ha definido como el "instrumento de política exterior más exitoso de la Unión"[37]. El propio expresidente del colegio de comisarios Romano Prodi la describió como "una de las transformaciones políticas más impresionantes y exitosas del siglo XX"[38]. Tras siete rondas de ampliación, el atlas comunitario ha pasado de tener seis miembros a tener veintisiete –serían veintiocho, sino fuera por el *Brexit*, la primera salida de un Estado en la historia de esta organización–. No obstante, cada una de las nuevas incorporaciones no ha seguido un camino homogéneo en cuanto a la duración. De media, cada Estado ha tardado nueve años en completar el proceso –con países como Chipre o Malta que tardaron catorce años[39]–. En todo este tiempo, no sólo se ha ampliado el mercado interior a buena parte de la geografía europea, sino que además se ha asegurado la democracia y estabilidad en el Este[40] y la Unión ha conseguido la escala de potencia global[41].

El proceso de ampliación no ha finalizado ahí. El Consejo Europeo en su reunión de Salónica (Grecia) en 2003 ya aseguró que todos los países participantes en el Proceso de Estabilización y Asociación –creado como marco de relaciones entre la Unión y los Balcanes Occidentales en 1999– eran candidatos potenciales a convertirse miembros de esta organización internacional[42]. Estos países son Albania, Bosnia y Herzegovina, Montenegro, Kosovo, Macedonia del Norte y Serbia. No obstante, más de veinte años después, ninguno ha conseguido entrar en el club

35 Así lo afirmaba la Comisión Europea en su dictamen de junio de 2022; "*Ukraine is a European State which has given ample proof of its adherence to the values on which the European Union is founded. The Commission therefore recommends to the Council that Ukraine should be given the perspective to become a member of the European Union*". Communication from the Commission to the European Parliament, the European Council and the Council, Commission opinion on Ukraine's application for membership of the European Union, COM (2022) 407, p. 20.

36 ZWEERS, W. The Eastern trio's path to the EU: fast-track or slow lane?, *op. cit.*

37 European Commission, Wider Europe Neighbourhood. A New Framework for our Relations with our Eastern and Southern Neighbours, COM (2003) 104 final, 11 March 2003, p. 5.

38 Romano Prodi President of the European Commission A Wider Europe - A Proximity Policy as the key to stability "Peace, Security And Stability International Dialogue and the Role of the EU" Sixth ECSA-World Conference. Jean Monnet Project. Brussels, 5-6 December 2002, disponible en: https://ec.europa.eu/commission/presscorner/detail/en/SPEECH_02_619 (último acceso; 8 de agosto de 2024).

39 Es muy interesante la gráfica contenida en este artículo donde puede verse cuánto tiempo tardó cada Estado miembro en cada fase del procedimiento de adhesión; LEPPERT, R. "How exactly do countries join the EU?" Pew Research Centre, disponible en: European Union membership: How countries join, and more | Pew Research Center (último acceso; 30 de julio de 2024).

40 LLOVERAS SOLER, J. M. La nueva ampliación de la Unión Europea y sus dificultades, CIDOB, 2024.

41 BERGMANN, M. 'The EU's next big deal: Enlargement for treaty reform', Politico, 2 August 2022, disponible en: https://www.politico.eu/article/eu-next-big-deal-enlargement-treaty-reform/ (último acceso; 30 de julio de 2024).

42 Conclusiones del Consejo Europeo de Salónica, 19 y 20 de junio de 2003, disponibles en https://www.consilium.europa.eu/media/20841/76282.pdf (último acceso; 1 de agosto de 2024).

comunitario, aunque cinco de los seis Estados han conseguido el estatus de candidato –todos menos Kosovo[43]–. Se ha producido un estancamiento en ambos lados conocido como "fatiga de la ampliación"[44].

Ya en julio de 2014, Jean-Claude Juncker, en su alocución inaugural en la sesión plenaria del Parlamento Europeo fue categórico respecto a nuevas incorporaciones; "En los cinco próximos años no se unirá a la Unión Europea ningún nuevo miembro. En la presente situación, es inconcebible que alguno de los países candidatos con los que se está negociando actualmente sea capaz de cumplir plenamente todos los criterios de adhesión antes de 2019. Sin embargo, las negociaciones se proseguirán y otras naciones y países europeos necesitan una perspectiva europea creíble y sincera. Esto concierne especialmente a los países de los Balcanes Occidentales. Esta región europea de trágica historia necesita la perspectiva europea. En caso contrario volverán a despertarse los viejos demonios del pasado"[45].

La doctrina ha debatido ampliamente sobre cuáles pueden ser las causas de esta situación. Por un lado, se señala que el punto de partida se emplazaría en el rechazo del Tratado por el que se establece una Constitución para Europa en los referéndums en dos países fundadores de la Unión; Francia y los Países Bajos, en 2005[46]. A este importante punto de inflexión en la historia de la organización internacional, habría que sumarle el conjunto de problemas internos que se produjeron unos años después; crisis económica y financiera de 2008, crisis migratoria de 2015 y el *Brexit* en 2016[47]. Este conjunto de dificultades obligó a la Unión a dirigir la mirada hacia adentro y a tomar una serie de medidas que cambiarían profundamente su fisonomía. Otra causa determinante han sido las reiteradas violaciones del Estado de Derecho en dos de sus recientes Estados miembros; Hungría y Polonia. Todo ello ha contribuido a una percepción pública negativa sobre la incorporación de nuevos países.

Esta fatiga de la ampliación no se ha podido evitar ni siquiera por la vetusta estrategia del "palo y la zanahoria" que ha gobernado las relaciones entre la Unión y la región balcánica en las últimas décadas[48]. De una parte, la UE justifica esta situación señalando la falta de reformas y avances por parte de los países candidatos. De otra parte, algunos países balcánicos consideran que, a pesar de que han tenido una importante evolución para cumplir los criterios exigidos, aún no son admitidos[49]. Esto ha provocado un círculo vicioso[50], en el que la Unión mina la voluntad de los países para realizar reformas en profundidad y consecuentemente, al no avanzar en las mismas, no se van cerrando capítulos. De esta forma, quienes son partidarios de la adhesión en los países candidatos no pueden presentar nada como un triunfo ante sus propios ciudadanos[51]. La cruda realidad puede condensarse en la siguiente afirmación; "durante años la Unión Europea ha hecho como si quisiera ampliarse, mientras que los Balcanes Occidentales han hecho como si hicieran las reformas necesarias"[52].

Conviene destacar que la Comisión Europea publica cada año un informe sobre la evolución del proceso de ampliación en su conjunto y, además, de forma particular, de cada uno de los Estados candidatos en cada uno de los

---

43   Por el contrario, la vecina de estos países, Croacia, sí ha sí se ha incorporado a la Unión Europea. Con este país la Unión Europea firmó un Acuerdo de Estabilización y Asociación en 2001. Solicitó el ingreso a esta organización internacional en 2003, y el Consejo Europeo acordó el 18 de junio de 2004 concederle el estatus de país candidato. Finalmente, la adhesión de Croacia a la UE se produjo el 1 de julio de 2013.

44   Véase un interesante documento de trabajo al respecto; DEVRIM D. SCHULZ E. "Enlargement Fatigue in the European Union: From Enlargement to Many Unions" 10/3/2009 Working Paper 13/2009, Real Instituto Elcano, disponible en https://media.realinstitutoelcano.org/wp-content/uploads/2021/11/wp13-2009-devrim-schulz-enlargement-european-union.pdf (último acceso; 8 de agosto de 2024).

45   Discurso "un nuevo comienzo para Europa", 15 de julio de 2024, disponible en: https://ec.europa.eu/commission/presscorner/detail/es/SPEECH_14_567 (último acceso; 1 de agosto de 2024).

46   DELCOUR, L. y WOLCZUK, K. Ukraine and the EU at the time of war: a new paradigm. Zentrum Liberale Moderne (LibMod), 2023, p. 7.

47   LLOVERAS SOLER, J. M. La nueva ampliación de la Unión Europea y sus dificultades *op cit.*

48   MILOSEVICH-JUARISTI, M. El futuro de la ampliación de la UE en los Balcanes Occidentales, ARI 62/2021 Real Instituto Elcano, 25 de junio de 2021.

49   BERGMANN, M. 'The EU's next big deal: Enlargement for treaty reform', *op. cit.*

50   DELCOUR, L. y WOLCZUK, K. Ukraine and the EU at the time of war: a new paradigm, *op. cit.*

51   MILOSEVICH-JUARISTI, M. El futuro de la ampliación de la UE en los Balcanes Occidentales, *op. cit.*

52   SCHMIDT, P. & DZIHIC, V. 'Europe Must Seize this Opportunity to Enlarge – and Reform', Balkaninsight, October 17, 2023, disponible en: https://balkaninsight.com/2023/10/17/europe-must-seize-this-opportunity-to-enlarge-and-reform/ (último acceso; 1 de agosto de 2024).

35 capítulos de negociación[53]. Los informes de los últimos años indican que se ha avanzado poco, particularmente en lo referente a instituciones democráticas, Estado de Derecho y protección de los derechos fundamentales. En este sentido, la doctrina ha señalado el retroceso democrático que se está produciendo en la región[54]. Es bastante ilustrativo que organizaciones como Freedom House definan a estos países como "parcialmente libres"[55]. Por su parte, el índice de democracia de 2023 del *Economist Intelligence Unit* cataloga a Montenegro, Serbia, Albania y Macedonia del Norte como "democracias defectuosas" ("*flawed democracies*"), mientras que clasifica a Bosnia-Herzegovina como un régimen híbrido.

A pesar de esto, los líderes de la región proclaman a menudo su compromiso con la adhesión a la Unión. Esta retórica tendría un doble objetivo; por un lado, seguir recibiendo apoyo político y financiero de la UE y por otro, enviar un mensaje a su población de que sus líderes están trabajando para asegurar su futuro europeo[56]. Varios autores definen la actitud de la Unión hacia los Balcanes occidentales como "estabilitocracia", indicando que está primando la estabilidad sobre la promoción de la democracia. Como resultado, las élites de estos países capitalizan el proceso de adhesión para sus propios objetivos internos, sin realizar progreso real[57]. Como señala Mira Milosevich-Juaristi, investigadora del Real Instituto Elcano, se produce una paradoja; las democracias occidentales critican el apoyo de Rusia y China a estos regímenes, pero, por otro lado, aquellas también estarían contribuyendo a que estos permanezcan[58].

En este sentido, es importante tener presente la significativa presencia política y económica en la región que han adquirido Rusia, China y los países del golfo Pérsico debido, según varios autores, al retraso en adherirse a la Unión Europea[59]. Son conocidos los fuertes lazos entre Rusia y Serbia, que precisa el apoyo diplomático de Moscú en el Consejo de Seguridad de la ONU para impedir el reconocimiento de Kosovo como país independiente[60]. Un dato muy revelador es que Serbia niega reiteradamente apoyar las sanciones a Rusia por la agresión a Ucrania[61]. Bosnia-Herzegovina, y particularmente el presidente de una de las dos entidades que la componen, la República Srpska, Milorad Dodik, en un principio se opuso también a las sanciones contra Rusia. Sin embargo, finalmente optó por imponerlas en junio de 2022[62]. Por su parte, China es otro actor con cada vez más presencia en la región, principalmente a través de proyectos de infraestructuras dentro del marco de la Ruta de la Seda[63]. No se trata de una influencia meramente económica, sino que tiene repercusiones importantísimas en la capacidad democrática de Estados "capturados"[64]. La visita que realizó Xi Jinping a Serbia el 7 de mayo de 2024 –coincidiendo con el 25º aniversario del bombardeo de la OTAN– no sólo estuvo cargada de simbolismo, sino que tuvo como resultado la firma de 30 acuerdos bilaterales para un "futuro compartido"[65].

---

53   Pueden verse en el siguiente enlace; https://neighbourhood-enlargement.ec.europa.eu/enlargement-policy/strategy-and-reports_en (último acceso: 2 de agosto de 2024).

54   Véase Kapidi, D. 2020. "The Rise of Illiberal Politics in Southeast Europe". *Southeast European and Black Sea Studies* 20 (1): 1–17, disponible en: Full article: The rise of illiberal politics in Southeast Europe (tandfonline.com) (último acceso; 2 de agosto de 2024). Véase también MILOSEVICH-JUARISTI M. El futuro de la ampliación de la UE en los Balcanes Occidentales, *op. cit.* p. 3 y ss.

55   Véanse las puntuaciones en el apartado de "global freedom scores" en la siguiente página: https://freedomhouse.org/countries/freedom-world/scores (último acceso; 2 de agosto de 2024).

56   ANGHEL, V. y DANKI, J. (2023). Wartime EU: consequences of the Russia – Ukraine war on the enlargement process *op. cit.*, p. 492.

57   *Ibid.*

58   MILOSEVICH-JUARISTI M. El futuro de la ampliación de la UE en los Balcanes Occidentales, *op. cit.* p. 5.

59   PANAGIOTOU, R. (2021). "The Western Balkans Between Russia and the European Union: Perceptions, Reality, and Impact on Enlargement." *Journal of Contemporary European Studies* 29 (2): 219-233.

60   MILOSEVICH-JUARISTI, M. El futuro de la ampliación de la UE en los Balcanes Occidentales *op. cit.*, p. 5.

61   Vui reiterates refusal to sanction Russia: 'A friend in need is a friend indeed' https://www.euractiv.com/section/politics/news/vucic-reiterates-refusal-to-sanction-russia-a-friend-in-need-is-a-friend-indeed/ (último acceso; 2 de agosto de 2024).

62   Sobre la creciente influencia de Rusia en Bosnia-Herzegovina, véase BECHEV, D. Between the EU and Moscow: How Russia Exploits Divisions in Bosnia, Carnegie Europe, 27 june 2024.

63   Aquí puede verse un pormenorizado estudio de los proyectos que tiene China en cada uno de los países de los Balcanes Occidentales; SHOPOV, V. Mapping China's rise in the Western Balkans, March 2022, https://ecfr.eu/special/china-balkans/ (último acceso; 2 de agosto de 2024).

64   ANGHEL, V. y DANKI, J. (2023). Wartime EU: consequences of the Russia-Ukraine war on the enlargement process *op. cit.*, p. 493.

65   KRSTINOVSKA, A. "Western Balkans' Economic Cooperation with China: Between "Positive" Conditionality and Economic Coercion", 18 de junio de 2024, disponible en https://chinaobservers.eu/western-balkans-economic-cooperation-with-china-between-positive-conditionality-and-economic-coercion/ (último acceso; 2 de agosto de 2024)

Asimismo, conviene tener presente las diferentes posiciones de los Estados miembros respecto a la ampliación de la Unión. Como en muchas otras políticas comunitarias, no existe una postura homogénea. En ésta, particularmente, juegan un importante papel las disputas bilaterales que tiene cada país como, por ejemplo, se evidenció con las tensiones entre Eslovenia y Croacia, antes de que ésta se incorporara a la UE, o con los vetos de Grecia y Bulgaria a la apertura de negociaciones con Macedonia del Norte[66]. También puede observarse cómo Hungría intentaba obstaculizar la consideración de Ucrania como país candidato mientras que, por otro lado, solicitaba una rápida adhesión para Serbia. Por su parte, Austria apoya de forma incondicional la apertura de negociaciones con Bosnia-Herzegovina mientras que Grecia bloquea Albania con referencia a la cuestión de protección de minorías[67].

La división más profunda en cuanto a la ampliación no es sólo a favor o en contra de la misma, sino sobre todo en torno al cómo debe producirse. Por una parte, se encontrarían aquellos Estados que consideran que la incorporación de nuevos Estados constituye una herramienta de seguridad y estabilidad para la propia Unión. Por otro lado, estarían aquellos países de Europa central y del Este –aquellos más potencialmente amenazados[68]– que creen que antes que la ampliación de la UE debe producirse la incorporación a la OTAN[69]. Hay que tener en cuenta que, tras la adhesión de Finlandia y Suecia a esta organización internacional –catapultada precisamente por la agresión rusa a Ucrania– tan sólo cuatro Estados miembros de la Unión no forman parte del Tratado de Washington (Austria, Chipre, Irlanda y Malta).

Cabe destacar el giro de 180º que ha dado Francia respecto a la ampliación de la Unión. Tan sólo hay que remontarse a 2020 para encontrar las declaraciones del presidente Emmanuel Macron en la Conferencia de Seguridad de Munich sosteniendo que los europeos tenemos un problema al limitar la política de vecindad a la adhesión de nuevos miembros y afirmando que si la Unión no funciona con 27 cómo va a hacerlo a 30, 32 o 33 miembros[70]. Cuatro años después, el mismo presidente afirmaba en un discurso en la Sorbona que Ucrania y Moldavia forman parte de nuestra familia europea y debemos asegurar su anclaje europeo y apoyarles para realizar las reformas necesarias para preparar este camino[71]. Es evidente el impacto de la guerra de Ucrania en el viraje no sólo de la posición francesa, sino también de otros países anteriormente escépticos ante la ampliación, como Alemania, Bélgica, Dinamarca o Suecia.

Por último, es relevante apuntar que la fatiga de la ampliación no sólo reside en las élites políticas sino también entre los ciudadanos. Ya en 2012 un estudio muy exhaustivo sobre la opinión pública europea en cuanto a la ampliación señalaba que el apoyo a ésta había disminuido prácticamente en todos los Estados miembros[72], sobre todo tras la crisis financiera de 2008. Este análisis también apunta que en los países que ya tenían bajo niveles de apoyo como Francia, Austria o Alemania seguía disminuyendo y aquellos más proclives a la ampliación seguían la misma tendencia. En aquel estudio ya se hablaba literalmente de "fatiga de la ampliación" entre los ciudadanos europeos.

No obstante, esta percepción ha cambiado notablemente desde la invasión rusa de Ucrania. El Eurobarómetro de diciembre de 2023 revelaba que un 51% de los europeos está a favor de ampliaciones de la Unión Europea para incluir otros países en los próximos años. España estaría por encima de esta cifra con un 73% de ciudadanos a

---

66   DELCOUR, L. y WOLCZUK, K. Ukraine and the EU at the time of war: a new paradigm *op. cit.*, p. 6.

67   ZWEERS, W. The Eastern trio's path to the EU: fast-track or slow lane? *op. cit.*, p. 7.

68   Por ejemplo, Polonia, Hungría y República Checa pasaron a ser miembros de la OTAN en 1999 y en 2004 de la Unión Europea. En este mismo año se produjo la adhesión a la OTAN de Bulgaria, Eslovaquia, Eslovenia, Estonia, Letonia, Lituania y Rumanía. En 2009 se adhirieron Albania y Croacia. Posteriormente, se han adherido Montenegro (2017) y Macedonia del norte (2020).

69   BURAS, P. "Trampa 27: los razonamientos contradictorios sobre la ampliación de la UE", Policy Brief, ECFR, diciembre 2023, p. 3.

70   Discours à la Conférence de Munich sur la sécurité 2020, 15 février 2020. https://www.elysee.fr/emmanuel-macron/2020/02/15/conference-sur-la-securite-de-munich-faire-revivre-leurope-comme-une-puissance-politique-strategique (último acceso; 2 de septiembre de 2024)

71   Discours sur l'Europe, 24 avril 2024, disponible en: https://www.elysee.fr/emmanuel-macron/2024/04/24/discours-sur-leurope (último acceso; 7 de agosto de 2024): "*C'est que nous avons commencé à repenser notre géographie dans les limites de notre voisinage. L'Europe se pense désormais comme un ensemble cohérent après l'agression russe, en affirmant que l'Ukraine et la Moldavie font partie de notre famille européenne et ont vocation à rejoindre l'Union, le moment venu, comme les Balkans occidentaux. Je l'ai dit l'an dernier à Bratislava, il nous revient d'assurer leur ancrage européen, de soutenir dès maintenant les réformes nécessaires pour préparer ce chemin qui n'existe que s'ils intègrent l'acquis communautaire, et de réformer en parallèle notre Union, qui ne peut s'élargir que si elle se réforme en profondeur et se simplifie*".

72   TOSHKOV D., KORTENSKA E., DIMITROVA A., FAGAN, A "The 'Old' and the 'New' Europeans: Analyses of Public Opinion on EU Enlargement in Review", Nº. 2, April 2014, disponible en: https://userpage.fu-berlin.de/kfgeu/maxcap/system/files/maxcap_wp_02.pdf (último acceso; 7 de agosto de 2024).

favor. De hecho, los ciudadanos de los Estados miembros más partidarios a la ampliación serían los de España, Croacia y Lituania. Es muy revelador que incluso en países donde las poblaciones eran más escépticas ante nuevas incorporaciones como Países Bajos, Finlandia o Dinamarca se ha observado un cambio importante[73].

En definitiva, esta parálisis en la ampliación durante casi dos décadas –con la excepción de las entradas de Rumanía, Bulgaria y Croacia– se ha revertido con el revulsivo de la agresión rusa a Ucrania. Ésta ha transformado el escenario por completo, así como los estímulos tanto por parte de la Unión como de los países candidatos. Ahora bien, la nueva actitud mucho más proclive a nuevas incorporaciones no puede ocultar los fallos que el modelo de ampliación lleva arrastrando desde hace tiempo, y más importante aún, las reformas que la propia Unión debe acometer para extender su mapa geográfico.

2.2. El eterno debate entre profundización y ampliación

El proyecto europeo –visualmente representado en la metáfora de la bicicleta de la que hablaba Jacques Delors– ha avanzado siempre en torno a dos ejes; profundización y ampliación. Ya en la década de los noventa se produjeron interesantes debates sobre si la Unión debería priorizar la integración o incorporar nuevos miembros, dando como resultado que tuvieran lugar ambas de forma simultánea. Sin embargo, con el nuevo milenio llegó la fatiga de la ampliación, recientemente analizada. En 2006 tuvo lugar un punto de inflexión; el Consejo Europeo, reunido en Viena, decidió que el ritmo de adhesiones debe tener en cuenta la capacidad de la Unión de absorber nuevos miembros[74]. Asimismo, establecía que una integración europea "exitosa" requiere que las instituciones funcionen de forma efectiva y que las políticas de la UE sean desarrolladas y financiadas de una manera "sostenible". Así, desde el más alto nivel político europeo se introdujo en la jerga comunitaria un elemento clave para futuras ampliaciones; la capacidad de absorción[75]. Hasta ese momento, el peso de las reformas para entrar en la Unión se había situado en los países candidatos. A partir de entonces, entraría en juego también este importante componente en el otro lado de la ecuación. De hecho, en la reciente Conferencia intergubernamental sobre la adhesión de Moldavia de junio de 2024 se subrayó de nuevo la relevancia de la capacidad de absorción[76].

Este elemento apunta directamente a la necesidad de que la Unión Europea también realice una profunda reflexión sobre las reformas precisas para funcionar con más de 30 miembros. Si en muchos aspectos ya es complejo hacer avanzar a la maquinaria comunitaria con 27 países, no es difícil imaginar la parálisis que puede sobrevenir con más integrantes. Por esta razón, buena parte de la doctrina sostiene que lejos de considerar que ampliación y profundización son términos mutuamente excluyentes, aquella constituye una oportunidad para abordar ésta última[77]. De hecho, la guerra de Ucrania sería un revulsivo para reconciliar ampliación y profundización[78].

---

73 BURAS, P. "Trampa 27: los razonamientos contradictorios sobre la ampliación de la UE", Policy Brief, ECFR, diciembre 2023, p. 5.

74 Conclusiones del Consejo Europeo de 14 y 15 de diciembre de 2006, disponibles en: https://www.consilium.europa.eu/uedocs/cms_data/docs/pressdata/en/ec/92202.pdf (último acceso; 8 de agosto de 2024); "*The pace of enlargement must take into account the capacity of the Union to absorb new members. The European Council invites the Commission to provide impact assessments on the key policy areas in the Commission's Opinion on a country's application for membership and in the course of accession negotiations. As the Union enlarges, successful European integration requires that EU institutions function effectively and that EU policies are further developed and financed in a sustainable manner*".

75 Con el fin de ser lo más rigurosos posible, cabe apuntar que no es en el Consejo Europeo de Viena de 2006 donde por primera vez se utiliza el término de "capacidad de absorción". Ya en la Estrategia de ampliación de la Comisión de 2005 se empleó este importante criterio con afirmaciones tan categóricas como; "*The Union's capacity to absorb new members, while maintaining the momentum of European integration, is an important consideration in the general interest of both the Union and the candidate countries (…) The pace of enlargement has to take into consideration the EU's absorption capacity. Enlargement is about sharing a project based on common principles, policies and institutions. The Union has to ensure it can maintain its capacity to act and decide according to a fair balance within its institutions; respect budgetary limits; and implement common policies that function well and achieve their objectives*". Veáse Communication from the Commission 2005 Enlargement strategy paper, Brussels, 9.11.2005 COM (2005) 561 final, disponible en https://neighbourhood-enlargement.ec.europa.eu/document/download/1411d17d-4a04-4841-b4ef-18a3d92cd362_en?filename=CELEX_52005DC0561_EN_TXT.pdf (último acceso; 8 de agosto de 2024).

76 General EU position, Ministerial meeting opening the Intergovernmental Conference on the Accession of the Republic of Moldova to the European Union (Luxembourg, 25 June 2024) https://www.consilium.europa.eu/media/45ilqaal/ad00011en24.pdf (último acceso; 8 de agosto de 2024); "*In accordance with the conclusions of the European Council in December 2006, stressing the importance that the EU can maintain and deepen its own development, the pace of accessions must take into account the Union's capacity to absorb new members, which is an important consideration in the general interest of both the Union and Moldova*".

77 Véase, por ejemplo, YOUNGS, R. 'Ukraine's EU Membership and the Geostrategy of Democratic Self-Preservation', *op. cit.*

78 DELCOUR, L. y WOLCZUK, K. Ukraine and the EU at the time of war: a new paradigm, *op. cit.*

Sin embargo, una vez más, nos encontramos con posturas diferentes no sólo en cuanto a la ampliación, como ya hemos visto, sino también en torno a una profundización a través de la reforma de los Tratados. Tanto el presidente francés Emmanuel Macron como el ex primer ministro italiano Mario Draghi han alzado sus voces a favor de una revisión de estos. En la misma línea, el 9 de junio de 2022, el Parlamento Europeo adoptó una resolución en la que hacía una llamada al Consejo Europeo para que instaurara una Convención para revisar los Tratados, de conformidad con el artículo 48 del TUE[79]. Esta resolución daba continuación al informe final sobre la Conferencia del futuro de Europa, que incluye 49 propuestas y 320 medidas, basadas en las recomendaciones realizadas por los paneles de ciudadanos, así como de los comités nacionales o los eventos de la juventud europea o contribuciones realizadas por plataformas digitales. En este contexto, es muy relevante la carta que publicaron el 9 de mayo de 2022 –una fecha muy simbólica para Europa– 13 Estados miembros (Bulgaria, Croacia, la República Checa, Dinamarca, Estonia, Finlandia, Letonia, Lituania, Malta, Polonia, Rumanía, Eslovenia y Suecia). En la misiva reconocen que la Conferencia ha sido un ejercicio democrático sin precedentes, pero cuyo fin no era la reforma de los Tratados. De hecho, afirman que no apoyan los intentos prematuros de lanzar una revisión de estos, dado que la Unión ha podido hacer frente a crisis como el COVID-19 o la agresión de Ucrania con el actual marco institucional[80].

La mayor parte de estos Estados son de Europa del Este, los más proclives a una ampliación. No obstante, son reticentes a la reforma de los Tratados por una razón muy sencilla; no quieren perder la unanimidad, lo cual significa en la práctica un derecho de veto para cada país. Estonia, por ejemplo, con una población de 1,3 millones pueden bloquear aquellas iniciativas para las que se requiere unanimidad en una organización internacional de casi 450 millones de personas[81]. En este sentido, Bergmann hace una reflexión muy interesante; unir ampliación y profundización crea un impulso para ambos. Los Estados del Este que se oponen a una reforma de los Tratados tienen incentivos para comprometerse porque, a su vez, son muy partidarios de la ampliación, más aún tras la invasión rusa de Ucrania. Por su parte, los más escépticos con la adhesión de nuevos Estados conseguirán un mejor funcionamiento de la UE a través de la revisión de los Tratados[82]. También hay que tener en cuenta que habrá países que se opondrán a ambas opciones.

En cuanto al objeto de la reforma, las propuestas son muy heterogéneas. Cabe englobarlas en torno a tres grandes bloques. En primer lugar, sería precisa una modificación crucial; la de la arquitectura institucional y la toma de decisiones. En segundo término, habría que revisar políticas clave, como la política exterior y de seguridad común, que requiere una reforma desde hace tiempo y más aún en un escenario geopolítico tan convulso en el que nos encontramos. Por último, haría falta realizar modificaciones con referencia a los recursos financieros de la Unión para adaptarlos a las nuevas necesidades de la misma.

Entre la multitud de estudios con propuestas muy interesantes, conviene destacar las que se realizan en el informe franco-alemán[83]. Por ejemplo, sugiere pasar de un trío de presidencias rotatorias en el Consejo a un quinteto, reducir el tamaño del Colegio de comisarios y diferenciar entre aquellos con voto y aquellos que sólo ostentarían la cartera. También propone mejoras en cuanto a la democracia en la UE como la armonización de las leyes electorales de

---

79   Este precepto prevé la modificación de los Tratados, tanto a través de un procedimiento de revisión ordinario como a través de procedimientos de revisión simplificados. Concretamente, el apartado 3 del artículo 48 establece; "Si el Consejo Europeo, previa consulta al Parlamento Europeo y a la Comisión, adopta por mayoría simple una decisión favorable al examen de las modificaciones propuestas, el Presidente del Consejo Europeo convocará una Convención compuesta por representantes de los Parlamentos nacionales, de los Jefes de Estado o de Gobierno de los Estados miembros, del Parlamento Europeo y de la Comisión".

80   Explained: Why EU countries are at odds over treaty changes, Euronews, 11/05/2022, disponible en: https://www.euronews.com/my-europe/2022/05/11/explained-why-eu-countries-are-at-odds-over-treaty-changes (último acceso; 9 de agosto de 2024). Cabe destacar este fragmento de la carta; "*We recall that Treaty change has never been a purpose of the Conference. What matters is that we address the citizens' ideas and concerns. While we do not exclude any options at this stage, we do not support unconsidered and premature attempts to launch a process towards Treaty change. This would entail a serious risk of drawing political energy away from the important tasks of finding solutions to the questions to which our citizens expect answers and handling the urgent geopolitical challenges facing Europe.*
     The EU's handling of the crises in recent years –including COVID-19 and Russia's ongoing aggression against Ukraine– have clearly shown how much the EU can deliver within the current Treaty framework. The EU has acted quickly to find –and implement– common and effective solutions. We already have a Europe that works. We do not need to rush into institutional reforms in order to deliver results".

81   BERGMANN, M. 'The EU's next big deal: Enlargement for treaty reform', *op. cit.*

82   *Ídem.*

83   COSTA, O.; SCHWARZER, D.; BERES, P.; GRESSANI, G.; MARTI, G.; MAYER, F.; NGUYEN, T.; ONDARZA, N.; RUSSACK, S.; TEKIN, F.; VALLEE, S. y VERGER, C. "Sailing on High Seas: Reforming and enlarging the EU for the 21st Century", *op. cit.*

los Estados miembros en lo relativo a las elecciones europeas o que el Consejo Europeo y el Parlamento deban alcanzar un acuerdo antes de los comicios sobre cómo será elegido el presidente de la Comisión.

A nivel institucional, las propuestas tampoco se han hecho esperar. En la mencionada resolución del Parlamento Europeo de 9 de junio de 2022[84], esta institución no sólo llamaba a la creación de una Convención para la reforma de los Tratados, sino que también realizaba sugerencias concretas:

- Reforzar la capacidad de actuación de la Unión mediante la reforma de los procedimientos de votación, incluida la posibilidad de que el Consejo adopte decisiones por mayoría cualificada en vez de por unanimidad en ámbitos pertinentes, como las sanciones y las denominadas «cláusulas pasarela», y en caso de emergencia.

- Adaptar las competencias atribuidas a la Unión por los Tratados, en especial en los ámbitos de la salud y las amenazas transfronterizas para la salud, en la realización de la Unión de la Energía sobre la base de la eficiencia energética y las energías renovables, con un diseño acorde con los acuerdos internacionales para mitigar el cambio climático, en la defensa y en las políticas económicas y sociales; garantizar la plena aplicación del pilar europeo de derechos sociales e incorporar el progreso social del artículo 9 del TFUE, vinculado a un Protocolo de Progreso Social, a los Tratados; apoyar el refuerzo de la competitividad y la resiliencia de la economía de la Unión, prestando especial atención a las pequeñas y medianas empresas y a los controles de la competitividad, y promover inversiones orientadas al futuro centradas en las transiciones ecológica y digital justas.

- Dotar al Parlamento de plenos derechos de codecisión sobre el presupuesto de la Unión, así como del derecho de iniciativa, modificación y derogación legislativas.

- Reforzar el procedimiento para la protección de los valores en los que se fundamenta la Unión y precisar la constatación y las consecuencias de las violaciones de los valores fundamentales (artículo 7 del TUE y Carta de los Derechos Fundamentales).

Por su parte, la Comisión Europea publicó en marzo de 2024 la Comunicación sobre las reformas y las revisiones de las políticas previas a la ampliación[85], donde afirmaba; "Si bien las reformas ya eran necesarias antes, con la ampliación resultan indispensables". En este importante documento identifica cuatro áreas prioritarias de actuación; los valores, las políticas, el presupuesto y la gobernanza.

Asimismo, conviene destacar que el Consejo Europeo en sus recientes conclusiones de junio de 2024 establecía una "hoja de ruta para los futuros trabajos sobre reformas internas"[86]. Esta institución nos resuelve la incógnita sobre si profundización y ampliación son mutuamente excluyentes o, por el contrario, son complementarias, con la siguiente afirmación; *Es preciso acometer, a escala interna, la labor preliminar y las reformas necesarias* para hacer realidad las ambiciones a largo plazo de la Unión y abordar las principales cuestiones que se plantean en relación con sus prioridades y sus políticas, y con su capacidad de acción en el contexto de una nueva realidad geopolítica y de desafíos cada vez más complejos. *Esta labor debe avanzar en paralelo al proceso de ampliación*, ya que tanto la Unión como los futuros Estados miembros deben estar preparados en el momento de la adhesión"[87]. Cabe subrayar también que en las conclusiones, el Consejo Europeo toma nota de la mencionada Comunicación de la Comisión y le otorga un plazo máximo (primavera de 2025) para presentar exámenes en profundidad sobre las siguientes cuatro líneas de actuación (los valores, las políticas, el presupuesto, y la gobernanza).

En definitiva, caben pocas dudas sobre la interrelación entre profundización y ampliación y sobre el alto grado de consenso que impera en las instituciones en torno a la necesidad de realizar reformas internas para que el mapa de la Unión pueda expandirse.

---

84 Resolución del Parlamento Europeo, de 9 de junio de 2022, sobre la convocatoria de una convención para la revisión de los Tratados (2022/2705(RSP)), disponible en: https://www.europarl.europa.eu/doceo/document/TA-9-2022-0244_ES.html (último acceso; 9 de agosto de 2024).

85 Comunicación de la Comisión al Parlamento europeo, al Consejo europeo y al Consejo sobre las reformas y las revisiones de las políticas previas a la ampliación, COM/2024/146 final, disponible en: https://eur-lex.europa.eu/legal-content/ES/ALL/?uri=CELEX%3A52024DC0146 (último acceso; 9 de agosto de 2024).

86 Véanse las conclusiones de la reunión del Consejo Europeo de 27 de junio de 2024, disponibles en https://www.consilium.europa.eu/media/n24ljnnz/euco-conclusions-27062024-es.pdf (último acceso; 9 de agosto de 2024).

87 Énfasis añadido.

2.3. Propuestas para mejorar el modelo de ampliación de la Unión

El regreso de la guerra a suelo europeo ha cambiado la cuestión que nos llevábamos planteando desde hace tiempo. Ya no se trata de si debemos ampliarnos, sino *cómo* debemos hacerlo –recogiendo las palabras del presidente Macron en un discurso en Bratislava[88]–. Si bien no ha habido un cambio de modelo como tal, sí conviene apuntar que, antes de la agresión rusa, la Comisión ya había ido matizando sus técnicas de negociación, como queda patente en varios documentos. Por un lado, la "Estrategia de ampliación y principales retos 2011-2012"[89] que da un mayor protagonismo al Estado de Derecho. Por otro lado, cabe mencionar el documento de 2018 "Una perspectiva creíble de ampliación y un mayor compromiso de la UE con los Balcanes Occidentales"[90] cuyo título es bastante revelador de la necesidad de dar credibilidad a la estrategia de ampliación europea. También habría que tener presente el documento "Mejorar el proceso de adhesión: una perspectiva creíble de la UE para los Balcanes Occidentales", publicado en 2020[91]. Este último informe, además de reiterar la palabra "credibilidad" apuesta por "una impronta política más marcada", en línea con lo que llevan proponiendo desde hace tiempo varios autores[92].

Las líneas maestras para una reforma de la política de ampliación las esbozó el propio presidente del Consejo Europeo, Charles Michel, en un discurso de 2022[93]. En éste afirmaba que el proceso debería ser "rápido, gradual y reversible", entendiendo el principio de reversibilidad como la posibilidad de retirar ciertos beneficios si había retrocesos. También abogaba por una integración gradual por fases, que analizaremos a continuación. En esta dirección, cabe destacar la propuesta planteada por el ministro austríaco de asuntos exteriores en mayo de 2022. En este *non paper* se sugería una integración gradual en el mercado interior y en políticas como comercio, medio ambiente, energía, o relaciones exteriores. Además, al igual que Charles Michel, defendía la aplicación del principio de reversibilidad.

Una de las propuestas más sólidas y detalladas procede del Centre for European Policy Studies (CEPS) de Bruselas junto con el European Policy Centre (CEP) de Belgrado. El documento inicial tiene fecha de 2021. Sin embargo, la invasión rusa en 2022 hizo que el informe tuviera que ser actualizado y modificado en 2023[94]. Estos expertos abogan por un modelo de adhesión gradual o por etapas (*staged accession*). Éste se cimentaría sobre cuatro fases, en cada una de las cuales se evaluaría el nivel de preparación –tarea que seguiría realizando la Comisión Europea–. Sigue una lógica de progresión horizontal, en lugar de un enfoque sectorial por políticas. En efecto, los candidatos deben mostrar una evolución media en todos los capítulos para avanzar a través de las distintas etapas, lo cual, a su vez, les reportaría ciertos beneficios. La escala de preparación oscilaría entre el nivel más básico (1) y un nivel avanzado de preparación (5).

Éstas serían las etapas del modelo:

0. Fase previa: progresos de los candidatos para cumplir los criterios de la fase 1.

1. Preadhesión intermedia: evaluación media moderada (nivel 3)

2. Preadhesión avanzada: evaluación media buena (nivel 4)

3. Adhesión formal como nuevo Estado miembro: nivel de preparación avanzado (5).

4. Estado Miembro convencional: mantenimiento del nivel avanzado de preparación.

---

88 GLOBSEC summit in Bratislava, closing speech by M. Emmanuel Macron, disponible en: https://is.ambafrance.org/Slovakia-GLOBSEC-summit-in-Bratislava-Closing-speech-by-M-Emmanuel-Macron (último acceso; 27 de agosto de 2024).

89 Comunicación de la Comisión al Parlamento europeo y al Consejo, Estrategia de ampliación y principales retos 2011-2012, COM/2011/0666 final.

90 Comunicación de la Comisión al Parlamento Europeo, al Consejo, al Comité Económico y Social Europeo y al Comité de las Regiones, Una perspectiva creíble de ampliación y un mayor compromiso de la UE con los Balcanes Occidentales, Estrasburgo, 6.2.2018, COM (2018) 65 final.

91 Comunicación de la Comisión al Parlamento europeo, al Consejo, al Comité económico y social europeo y al Comité de las Regiones; Mejorar el proceso de adhesión: una perspectiva creíble de la UE para los Balcanes Occidentales, COM/2020/57 final.

92 Véase, por ejemplo, YOUNGS, R. 'Ukraine's EU Membership and the Geostrategy of Democratic Self-Preservation', *op. cit.*

93 Discurso de Charles Michel, presidente del Consejo Europeo ante el Comité Económico y social europeo el 18 de mayo de 2022 en Bruselas, disponible en: https://newsroom.consilium.europa.eu/events/20220518-president-michel-european-economic-and-social-committee-may-2022 (último acceso; 27 de agosto de 2024).

94 MIHAJLOVI, M.; BLOCKMANS, S.; SUBOTI, S. y EMERSON, M. "Template 2.0 for Staged Accession to the EU" *Centre for European Policy Studies (CEPS)*, 2023, disponible en: https://www.ceps.eu/ceps-publications/template-2-0-for-staged-accession-to-the-eu/ (último acceso; 27 de agosto de 2024).

Cabe señalar que, tras los análisis realizados para cada candidato de los Balcanes Occidentales, en el documento se concluye que en el momento de publicación del mismo (agosto de 2023) ninguno de ellos estaría preparado para acceder a la Fase nº 1. Asimismo, es importante detenerse en el análisis de la Etapa nº 3. En ésta, el candidato habría alcanzado todos los requisitos y sería formalmente denominado como "nuevo Estado miembro" en un tratado de adhesión. La novedad radica en que estaría sujeto a unas medidas institucionales transitorias, concretamente respecto al Consejo y a la Comisión[95]. En el Consejo, el nuevo miembro tendría derecho de voto en las votaciones por mayoría cualificada, pero no tendría derecho de veto[96]. Así, se estaría dando solución a una de las mayores preocupaciones respecto de la adhesión de nuevos miembros; el poder de veto que pueden ejercer en las votaciones por unanimidad. De igual forma, el nuevo Estado no tendría derecho a tener un miembro en la Comisión Europea.

En segundo lugar, conviene hacer referencia a otro modelo de adhesión; la Asociación para la Ampliación, compuesto por cuatro pilares. El primero consistiría en la integración de los países candidatos en el mercado único, de forma análoga al Espacio Económico Europeo. El siguiente pilar haría referencia al apoyo financiero de la Unión Europea junto con otras instituciones financieras como el Fondo Monetario Internacional (FMI). En el caso concreto de Ucrania, este cimiento sería crucial, teniendo en cuenta la necesidad de reconstrucción de sus estructuras económicas, políticas y sociales para convertirse en un nuevo miembro de la Unión[97]. El tercer pilar consistiría en fortalecer la transición climática y energética de los Estados candidatos. Por último, el cuarto elemento se basa en la cooperación en seguridad y política exterior, aspecto esencial en el "despertar geopolítico" de la Unión.

Ambos modelos pretenden restaurar la credibilidad del proceso de adhesión más allá del actual enfoque binario *in or out*[98]. Una gran diferencia entre ambos es que el primero requeriría una reforma de los Tratados, mientras que el segundo podría llevarse a cabo sin aquella. No obstante, la integración de los Estados candidatos en el mercado interior no estaría contemplada en los acuerdos de asociación actuales y, por tanto, requeriría nuevos acuerdos bilaterales[99].

Otra importante propuesta es la realizada por el informe franco-alemán anteriormente citado[100] consistente en una organización internacional basada en círculos concéntricos. En el círculo interior estarían los Estados que ya participan en una integración más profunda, miembros de la Eurozona y de Schengen. También se permitirían en este círculo diferentes formas de cooperación reforzada como PESCO. En el siguiente círculo, se situaría la Unión Europea, cuyos miembros estarían unidos por los mismos objetivos políticos, obligados a cumplir con los valores del artículo 2 del TUE y con la posibilidad de beneficiarse de fondos de cohesión y políticas de redistribución. Las actuales políticas de la Unión estarían en el corazón de este nivel de integración. El siguiente círculo estaría compuesto por los miembros asociados, ya fuera de la Unión como tal. Aquí se situarían los países del Espacio Económico Europeo, Suiza o incluso el Reino Unido. Los miembros asociados no estarían vinculados por una *"ever closer union"* ni participarían una unión política más profunda ni en políticas como justicia y asuntos de interior. Eso sí, deberían cumplir con un requisito básico; los valores de la Unión, incluido el Estado de Derecho y la democracia. El núcleo central de participación sería el mercado interior. Otro aspecto esencial es que no estarían representados ni en el Parlamento Europeo ni en la Comisión. Sin embargo, sí estarían sujetos a la jurisdicción del TJUE. Además, deberían contribuir al presupuesto comunitario, aunque en un nivel más bajo.

El último círculo más alejado del núcleo estaría compuesto por los países pertenecientes a la Comunidad Política Europea. Para comprender este último concepto, es necesario remontarse a sus orígenes. El 9 de mayo de 2022 –un día especialmente simbólico para la Unión, más aún cuando se trataba de la ceremonia de clausura de la Conferencia sobre el Futuro de Europa[101]– el presidente francés Emmanuel Macron presentó ante el Parlamento

95 EMERSON, M. y BLOCKMANS, S. (2022). Next steps for EU enlargement – Forwards or backwards? *Stockholm Centre for Eastern European Studies (SCEEUS)* (12). Disponible en: https://www.ceps.eu/ceps-publications/next-steps-for-eu-enlargement/ (último acceso; 28 de agosto de 2024), p. 4.

96 *Ídem.*

97 ÁLVAREZ GÓMEZ, L. "La adhesión a la Unión europea en tiempos de conflicto: el caso de Ucrania", *op. cit.*, p. 51.

98 DELCOUR, L. y WOLCZUK, K. Ukraine and the EU at the time of war: a new paradigm, *op. cit.*, p. 12.

99 Ídem.

100 COSTA, O.; SCHWARZER, D.; BERES, P.; GRESSANI, G.; MARTI, G.; MAYER, F.; NGUYEN, T.; ONDARZA, N.; RUSSACK, S.; TEKIN, F.; VALLEE, S. y VERGER, C. *Sailing on High Seas: Reforming and enlarging the EU for the 21st Century, op. cit.*, p. 45 y ss.

101 Francia ostentaba la presidencia del Consejo de la Unión en el primer semestre de 2022.

Europeo la iniciativa de la Comunidad Política Europea ("CPE")[102]. Se trata de un foro intergubernamental de cooperación política, económica y de seguridad que reuniría a todos los Estados europeos, con la excepción de Rusia y de Bielorrusia. Hasta la fecha, la CPE se ha reunido en cuatro ocasiones; La primera, celebrada en Praga en octubre de 2022, la segunda en Bulboaca (Moldavia) en junio de 2023, la tercera tuvo lugar en La Alhambra de Granada en octubre de 2023 y la última en julio de 2024 en el palacio de Blenheim (Oxfordshire, Reino Unido).

Cabe apuntar que esta iniciativa fue recibida con reticencias, tanto dentro como fuera de la Unión. En varios Estados, particularmente del Este y del centro, se percibía como una estrategia francesa para frenar la ampliación y evitar la adhesión de Ucrania[103]. Estos temores fueron desactivados cuando Francia (y otros Estados poco proclives a la ampliación como Países Bajos) votaron a favor de otorgar a Ucrania (y a Moldavia) el estatuto de candidato[104]. Además, el propio presidente francés matizó, unos días después, que la CPE no sustituiría a la política de la ampliación, sino que la complementaría[105].

También es importante tener presente que ésta no es la única propuesta de reunir a los Estados europeos más allá de los límites de la propia Unión. El presidente del Consejo Europeo, Charles Michel, sugirió la creación de una "comunidad europea geopolítica" que abarcara "desde Reykjavik hasta Baku o Ereván, desde Oslo hasta Ankara"[106]. Por su parte, el ex primer ministro italiano, Enrico Letta propuso la creación de una "Confederación europea"[107], que estaría formada por los 27 miembros actuales de la Unión junto con Ucrania, Georgia, Moldavia, Albania, Bosnia -Herzegovina, Kosovo, Montenegro, Macedonia del Norte y Serbia. Además, no habría que olvidar la existencia de organizaciones de larguísima trayectoria como el Consejo de Europa o la Organización para la Seguridad y Cooperación en Europa (OSCE). En cuanto a la primera, no forman parte ni Bielorrusia ni Rusia, precisamente expulsada por la agresión a Ucrania[108]. Sin embargo, el Kremlin sí sigue formando parte de la Asamblea Parlamentaria de la OSCE, pese a que habría suspendido su participación en la misma en julio de 2024[109].

En todo caso, los propios líderes reunidos en la Comunidad Política Europea han sido muy claros al respecto, manifestando que esta plataforma de coordinación política no sustituye a ninguna organización, estructura ni proceso ni pretende crear ninguna nueva en este momento[110].

---

102 Conviene destacar estas líneas de su discurso: "*En 1989, le président François Miterrand ouvrit cette réflexion alors que l'Union soviétique se délitait en proposant la création d'une confédération européenne. Sa proposition n'eut pas de postérité. (…) Mais elle posait une bonne question et cette question demeure : comment organiser l'Europe d'un point de vue politique et plus large que l'Union européenne ? C'est notre obligation historique que d'y répondre aujourd'hui et de créer ce que je qualifierai aujourd'hui devant vous «une communauté politique européenne*". Déclaration de M. Emmanuel Macron, président de la République, sur la construction européenne et le conflit en Ukraine, à Strasbourg le 9 mai 2022, disponible en; https://www.vie-publique.fr/discours/285102-emmanuel-macron-09052022-union-europeenne (último acceso; 29 de agosto de 2024).

103 TAMAMES, J. y GARCÍA, R. "La Comunidad Política Europea: ¿imprescindible, redundante, o las dos cosas al mismo tiempo?", Real Instituto Elcano, 11 de noviembre de 2022, disponible en La Comunidad Política Europea: ¿imprescindible, redundante, o las dos cosas al mismo tiempo? - Real Instituto Elcano (último acceso; 30 de agosto de 2024).

104 DELCOUR, L. y WOLCZUK, K. Ukraine and the EU at the time of war: a new paradigm, *op. cit.*, p. 9.

105 Macron says 'European political community' no substitute to enlargement, Euroactiv France, 20 de mayo de 2022, disponible en: https://www.euractiv.com/section/politics/short_news/macron-says-european-political-community-no-substitute-to-enlargement/ (último acceso; 30 de agosto de 2024).

106 Discurso de Charles Michel, presidente del Consejo Europeo ante el Comité Económico y social europeo el 18 de mayo de 2022 en Bruselas, disponible en: https://newsroom.consilium.europa.eu/events/20220518-president-michel-european-economic-and-social-committee-may-2022 (último acceso; 27 de agosto de 2024).

107 LETTA, E. , "A European Confederation: a common political platform for peace", (25 April 2022), https://feps-europe.eu/a-european-confederation/ (último acceso: 30 de agosto de 2024).

108 Véase la Declaración de la presidenta del Comité de Ministros en el aniversario de la expulsión de la Federación de Rusia del Consejo de Europa https://www.coe.int/es/web/portal/-/declaraci%C3%B3n-de-la-presidenta-del-comit%C3%A9-de-ministros-en-el-aniversario-de-la-expulsi%C3%B3n-de-la-federaci%C3%B3n-de-rusia-del-consejo-de-europa (último acceso; 30 de agosto de 2024). Véase un análisis de la pertenencia de Rusia al Consejo de Europa durante un cuarto de siglo en QUERALT, A. "Rusia ante el Consejo de Europa", Real Instituto Elcano, ARI 76/2022 (7 de diciembre de 2022).

109 Statement of the Chambers of the Federal Assembly of the Russian Federation. On the decision to suspend the participation of the delegation of the Federal Assembly of the Russian Federation in the work of the Parliamentary Assembly of the Organization for Security and Cooperation in Europe (OSCE PA) https://osce.mid.ru/web/osce-en/-/statement-of-the-chambers-of-the-federal-assembly-of-the-russian-federation-on-the-decision-to-suspend-the-participation-of-the-delegation-of-the-fede (último acceso; 30 de agosto de 2024).

110 Nota de prensa de la última reunión de la CPE en Oxfordshire, Reino Unido: https://www.consilium.europa.eu/media/ss3jonmo/202407-epc-background-brief_final.pdf

Conclusiones

"La Historia está llamando de nuevo" afirma el documento de las prioridades políticas de la Comisión Europea para 2024-2029 y continúa; "y Europa tiene que tomar una clara decisión para su futuro". Si algo han demostrado las recientes crisis a las que se ha enfrentado esta organización internacional en los últimos años –desde la crisis financiera a la terrible pandemia– es la unión de sus miembros ante las dificultades y, sobre todo, la adaptación de la fisonomía comunitaria para hacer frente a las mismas a veces con más lentitud y rigidez de la deseada. La guerra de Ucrania no ha sido una excepción. Más allá de la ayuda otorgada a este país y de las simbólicas visitas de los líderes europeos a Kiev en plena guerra, la perspectiva sobre la adhesión de este país –y los demás candidatos– ha cambiado radicalmente[111].

A lo largo de este trabajo hemos observado ese giro copernicano hacia una mayor apertura a la ampliación tanto desde las instituciones comunitarias como desde las distintas capitales europeas. Se comienza a percibir la incorporación de nuevos miembros no ya como una forma de altruismo o solidaridad con los vecinos, sino como una auténtica estrategia de supervivencia. Ese "despertar geopolítico" ha irrumpido con fuerza. Son muy ilustrativas las palabras de los jefes de Estado y de gobierno en el entorno incomparable de la Alhambra, con el propio Zelensky presente, afirmando que la ampliación constituye una "inversión geoestratégica en la paz, la seguridad, la estabilidad y la prosperidad"[112]. Probablemente este pensamiento siempre haya subyacido en la política de vecindad. Sin embargo, vemos ahora con más claridad que nunca cómo una guerra a las puertas de la Unión ha acentuado esta perspectiva. En efecto, hay una palabra que se reitera y permea todos los análisis actuales sobre la adhesión de Ucrania y la ampliación en general; geopolítica. Una palabra antes mucho más ausente en la literatura sobre la Unión Europea.

En todo caso, no perdamos de vista que este enfoque geoestratégico debe ir de la mano de la defensa de los valores que sustentan el edificio comunitario, particularmente el Estado de Derecho, tan vapuleado en los últimos años en varios Estados miembros. El apoyo a Ucrania y la condena sin fisuras a la agresión rusa como una violación flagrante del Derecho internacional también sitúa a la Unión Europea en el tablero geopolítico como firme defensora del multilateralismo y de un modelo de convivencia basado en principios tan cardinales como la protección de los derechos humanos y la democracia. La influencia de esta organización internacional en los países que optan a formar parte de ella es determinante para evitar, a su vez, el influjo de otras potencias como China, los países del golfo pérsico o la misma Rusia.

Si bien cada vez es mayor el consenso sobre la necesidad de ampliar el mapa de la Unión, la gran incógnita es cómo hacerlo. Tras siete rondas de ampliación –en 1973, 1981, 1986, 1995, 2004, 2007 y 2013–, el atlas comunitario ha pasado de tener seis páginas a tener veintisiete –y serían veintiocho, si no fuera por la salida del Reino Unido a través del *Brexit*–. Sin embargo, parece que el modelo clásico de adhesión, a pesar del éxito que ha supuesto durante décadas, vislumbra en el horizonte su fecha de caducidad. Precisamente cuando los criterios de Copenhague han cumplido la treintena, se plantean propuestas que van más de la dicotomía *estar dentro/estar fuera* o, en otros términos, *ser miembro/no serlo*. En este trabajo se han destacado varios; la adhesión gradual o por etapas, la asociación para la ampliación, el modelo de círculos concéntricos del informe franco-alemán y la Comunidad Política Europea. De momento, desde las instituciones se mantienen en el modelo de adhesión clásico, aunque reconocen desde las más altas instancias que el proceso debe ser "rápido, gradual y reversible".

Por último, una de las cuestiones más interesantes que se ha abordado en este documento es que la guerra de Ucrania, como todas las crisis que afectan tanto a organizaciones como al propio ser humano, ha actuado de revulsivo para reflexionar no sólo sobre la ampliación, sino mucho más profundamente, sobre temas cruciales de la propia Unión Europea. Por esta razón, se concluye que lejos de considerar que ampliación y profundización son elementos excluyentes, aquella constituye una oportunidad para abordar ésta última.

---

111 Son muy ilustrativas las palabras de Von der Leyen tan sólo unos días después de la agresión rusa: "son uno de nosotros y los queremos dentro".

112 Declaración de Granada, 6 de octubre de 2023, disponible en: https://www.consilium.europa.eu/es/press/press-releases/2023/10/06/granada-declaration/ (último acceso: 30 de julio de 2024). Palabras recogidas, posteriormente, en las conclusiones del Consejo Europeo de diciembre de 2023.

Comenzábamos este trabajo con la histórica Declaración que tuvo lugar en la imponente Galería de los Espejos del Palacio de Versalles. Sus 357 espejos colocados frente a 17 inmensos ventanales es una buena metáfora de que la Unión Europea necesita mirar tanto hacia adentro como hacia afuera. Recogiendo las palabras del canciller alemán, Olaf Scholz, nos encontraríamos ante un *zeitenwende,* un cambio de era o punto de inflexión en la Historia. La Unión Europea no puede quedarse en los márgenes de ésta. Decía Zelensky ante la ovación del Pleno del Parlamento Europeo; "Para Ucrania, Europa es el camino a casa". No olvidemos que esta organización internacional también nació de los escombros de la guerra y con un fin clarísimo; lograr la paz. Sigamos construyendo esa casa sostenida por cimientos sólidos y seguros donde se pueda vivir en libertad.

Números Publicados
Serie Unión Europea y Relaciones Internacionales

Serie Política de la Competencia y Regulación